Petra Lange-Weber

Faszinierendes Papier

in der Spachteltechnik färben und verarbeiten

frechverlag

Im frechverlag sind viele weitere Bücher zu den verschiedensten kreativen Techniken erschienen. Hier eine Auswahl:

2007

2277

2319

2090

1950

2310

Wir danken der Firma Rayher für die freundliche Unterstützung.

Fotos: frechverlag GmbH + Co. Druck KG, 70499 Stuttgart;
Fotostudio Ullrich & Co., Renningen

Dieses Buch enthält:
2 Vorlagenbogen

Auflage: 5. 4. 3. 2. 1. | Letzte Zahlen
Jahr: 2003 2002 2001 2000 1999 | maßgebend

ISBN 3-7724-2459-7 · Best.-Nr. 2459
Druck: frechverlag GmbH + Co. Druck KG, 70499 Stuttgart

Papier zu färben ist eine spannende und entspannende Gestaltungstechnik.

Papier in der Spachteltechnik zu färben ist kinderleicht und kann schon ab ca. 8 Jahren bewältigt werden.

Papier mit den vorgegebenen Farben zu färben ist gesundheitlich unbedenklich und damit besonders für den Umgang mit Kindern geeignet.

Papier in der Spachteltechnik begeistert durch seine Leuchtkraft und transparente Wirkung.

Papier, in der Spachteltechnik gefärbt, kann zum Bekleben und Beziehen von Schachteln, Mappen und Büchern verwendet werden. Die Möglichkeiten sind vielfältig, von leichten bis zu anspruchsvollen Ideen finden Sie in diesem Buch für jeden Geschmack das Passende.

Papier, selbst gefärbt, ist ein Unikat. Sie können kein zweites, gleich aussehendes Blatt herstellen. Somit erhält Ihre Arbeit einen besonderen Wert.

Beim Papierfärben in der Spachteltechnik und beim Verarbeiten wünsche ich Ihnen viel Spaß.

Petra Lange-Weber

Die Materialien

Farben:

Verwendet werden Aqua-Magic-Farben der Firma Marabu oder Cromarfarben der Firma Berol. Die Firma Berol bietet auch Farben mit Metallic-Effekt an. Beide Farben sind im Bastelfachhandel erhältlich.

Die Farben haben ungefähr die Konsistenz von Eigelb. Sie beruhen auf Wasserbasis, sind leicht vermalbar, seidenglänzend und fließen beim Malen nicht ineinander. Ihre Trocknungszeit beträgt ca. 20 Minuten. Danach färben sie nicht mehr ab. Da sie ungiftig sind, sind sie besonders für die Arbeit mit Kindern geeignet.

Papier:

Am besten eignet sich weißes Zeichenpapier (ca. 120 g/m²), um in der Spachteltechnik eingefärbt zu werden. Das verwendete Papier sollte nicht zu dünn sein, da es sonst schnell reißt. Farbiges Papier eignet sich nicht so gut, da die Vielfalt der Farbabstufungen verfälscht wird.

Spachtel:

Der Spachtel wird aus Graupappe hergestellt. Diese können Sie im Bastelfachhandel kaufen oder Sie sammeln die Rückseiten von Zeichenblöcken o. Ä. Sie benötigen unterschiedlich breite Spachtel, ich verwende zwischen 3 cm und 5 cm breite und ca. 8 cm lange Spachtel. Diese Größe kann man gut in der Hand halten.

Die Technik

Der Arbeitsplatz:

Decken Sie Ihren Tisch zunächst mit Zeitungspapier ab, damit er geschützt ist. Wenn Sie gleich mehrere Schichten Papier übereinander legen, können Sie während des Arbeitens schnell eine beschmierte Zeitungsschicht nach der anderen beseitigen.

Das Farbdepot:

Ich kleckse den Farbvorrat immer auf ein weißes Zeichenpapier. Von diesem nehme ich die benötigte Farbe mit der Spachtel ab.

Tipp:

Die Farbreste des Farbdepots kann man nach Beenden der Arbeit auf dem Blatt wild verteilen. So erhalten Sie auch ein interessantes Bild. Sicherlich macht Ihnen dieser Abschluss auch Spaß.

Der Farbauftrag:

Mit dem Spachtel nehmen Sie von Ihrem Farbdepot Farbe auf und ziehen diese mit der Kante der Pappe gleichmäßig über das Papier. Wichtig ist, dabei etwas Druck auszuüben, damit der Farbauftrag transparent wird. Arbeiten Sie dabei flink und zügig. Mit der linken Hand halten Sie das Papier fest, damit es nicht wegrutscht.

Bevor die erste Farbschicht richtig trocken ist, ziehen Sie gleich die nächste Farbe über das Papier. Durch Überschneidungen der Farben ergeben sich dann die interessanten Farbmischtöne, die das Färben so spannend machen. Gehen Sie ruhig ein zweites Mal über die Farbspur, um zu erfahren, wie sich die Farbwirkung verändert.

Wenn Sie wollen, probieren Sie eine dritte und vierte Farbe aus. Farbstreifen, die durch die Spachtelkanten liegen bleiben, können Sie als dunklen Farbeffekt stehen lassen oder Sie fahren einfach mit dem Spachtel noch einmal darüber, bis alle Streifen entfernt sind. Probieren Sie verschiedene Farbkombinationen aus. Es macht auch einen Unterschied, ob die helle Farbe zuerst oder später aufgetragen wird. Sicherlich finden Sie bald Ihre Lieblingskombinationen heraus.
Allerdings warne ich Sie vor Schwarz, denn es wirkt meist trist. Deshalb verwende ich diese Farbe höchst selten.

Unterschiedliche Musterung durch Richtungswechsel:

Auf der Abbildung können Sie die verschiedenen Richtungen der Spachtelführung erkennen. Einmal wurde der Spachtel immer in die gleiche Richtung gezogen, dann längs und quer, kreuz und quer und in kurzen Spuren.

Sie können die vielfältigen Möglichkeiten erkennen, die sich schon beim Verziehen der Farben ergeben. Je nach Richtung zeigt sich eine völlig neue Variation. Sicherlich fallen Ihnen beim Arbeiten noch weitere Auftragsmöglichkeiten der Farbe ein.

Das Trocknen der Papiere:

Das Papierfärben macht Ihnen sicherlich so viel Spaß, dass Sie mehrere Bogen einfärben wollen. Decken Sie den Boden zum Ablegen der Farbpapiere vorher mit Zeitungspapier ab.

Das Bügeln der Papiere:

Da sich feuchtes Papier immer wellt, bügle ich die getrockneten Bogen vor der weiteren Verwendung. Dazu lege ich als Untergrund Zeitungspapier auf das Bügelbrett, stelle das Bügeleisen auf Stufe 2 und bügle das Papier von der Rückseite.

Farbenfrohe Passepartoutkarten

Eine ganz einfache Verwendungsmöglichkeit der gespachtelten Papiere sehen Sie rechts auf der Abbildung. Farbige Passepartoutkarten (von Hobbidee), die Sie im Bastelfachhandel kaufen können, werden damit verschönert. Die verschiedenen Ausschnitte habe ich mit gefärbtem Papier hinterklebt. Die Umschläge sind selbst gemacht. Als Vorlage dienten vorsichtig aufgetrennte, fertig gekaufte Briefumschläge.

Passepartoutkarten und Tischkärtchen in Weiß

Weiße Passepartoutkarten und Tischkarten (von Hobbidee) lassen sich mit selbst gefärbtem Papier wunderbar aufwerten.

Sie können das gesamte Format oder nur einen Ausschnitt mit farbigem Papier hinterkleben. Mit einem Geschenkband, das farblich zum Papier passt, oder einem in den Ausschnitt geklebten Foto können Sie die Karten variieren.

Die passenden Tischkärtchen gestalten Sie ebenfalls auf diese Weise.

Dany

Karten aus Wellpappe

Auf der Abbildung sehen Sie verschiedene Karten aus Wellpappe.

Die schwarze Karte (von Hobbidee) habe ich mit einem bunten Ausschnitt meiner selbst gefärbten Papiere hinterlegt. Hierfür habe ich das Blatt des Farbdepots verwendet. Die Farben zeigen keine gezielte Richtung.

Den Ausschnitt aus der blauen Karte habe ich mit einem Cutter und einem Stahllineal selbst herausgeschnitten. Auch hier hinterlegte ich farbiges Papier.

Die rote und die gelbe Karte stellte ich selbst aus durchgefärbter Wellpappe her. Mit der Schere lassen sich die Außenformen sehr gut zurechtschneiden. Die inneren Seiten habe ich bei beiden Karten mit gefärbtem Papier beklebt. Zum Beschriften des dunklen Papiers eignen sich goldene Lackstifte oder weiße Farbstifte.

Mit den selbst gefertigten Briefumschlägen in den passenden Farben erhalten Sie so ganz individuelle Grußkarten. Als Vorlage können Sie vorsichtig aufgetrennte, fertig gekaufte Umschläge verwenden.

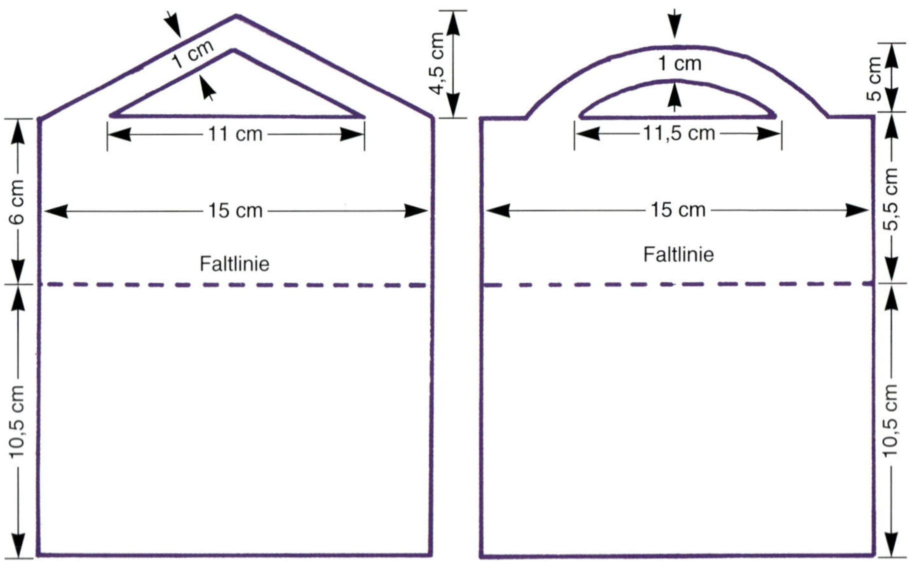

Das Buchbinden

Die Materialien

Graupappe:

Das Grundmaterial zum Beziehen ist meist Graupappe. Sie können sie im Bastelfachgeschäft in der Stärke 1,4 mm kaufen. Wenn Sie z. B. die Rückseiten von Zeichenblöcken sammeln, wird das Material billiger.

Da man Graupappe mit der Schere nicht gut schneiden kann, verwende ich eine Papierschneidemaschine. Wenn Sie ein solches Hilfsgerät nicht besitzen, können Sie sich mit Stahllineal und Cutter behelfen.

Pappe für die Schachteln:

Graupappe ist für Schachteln meist zu dick. Daher verwende ich Karton, den man mit der Schere noch gut schneiden kann. Sammeln Sie Kartoneinlagen aus Verpackungen oder verwenden Sie Schuhkartons.

Der Buchbinderleim:

Ich verwende zum Kleben Planatol BB, einen speziellen Buchbinderleim. Er trocknet farblos und transparent. Die Pinsel kann man sofort nach Gebrauch mit Wasser auswaschen. Wenn Sie keinen Buchbinderleim haben, können Sie auch dick angerührten Tapetenkleister benutzen. Holzleim eignet sich ebenfalls.

Pinsel zum Auftragen des Buchbinderleims:

Als Pinsel verwende ich einen dicken Borstenpinsel, mit dem ich den Leim schnell und zügig verteilen kann.

Buchbinderleinen:

Buchbinderleinen ist schwierig zu bekommen. Versuchen Sie, es im Bastelfachhandel zu bestellen, falls es nicht vorrätig ist. Ansonsten fragen Sie bei einem Buchbinder nach.

Falzbein:

Ein Falzbein verwendet der Buchbinder, um die Kanten des Papiers und des Buchbinderleinens festzudrücken. Es gibt Falzbeine aus Naturbein und Kunststoff, spitz und rund zulaufend.

Schere:

Zum Schneiden des Papiers verwende ich eine normale Papierschere. Für feine Papierarbeiten, z.B. Ecken, benutze ich eine Silhouettenschere.

Bleistift:

Zum Vorzeichnen der Formen verwende ich einen Feinminenbleistift. Gerade bei den Schachteln ist es wichtig, sich exakt an die Maßangaben zu halten.

Das Buchbinden

Die Graupappe dient immer dazu, mit farbigem Papier beklebt zu werden. Bevor Sie die Graupappe durchschneiden, legen Sie eine

Unterlage auf den Tisch. Dies kann ebenfalls ein Pappestück, eine Hartfaserplatte oder eine spezielle Schneideunterlage sein. Die Pappe muss nun zuerst in den entsprechenden Maßen zurechtgeschnitten werden. Dies können Sie mit einem Cutter und einem Stahllineal machen. Sie führen dazu den Cutter an der Kante des Lineals entlang. Halten Sie dabei das Lineal fest, damit es nicht verrutscht. Manchmal muss man die Linie mehrmals nachziehen, bis die Pappe durchgeschnitten ist.

Das Abdecken des Arbeitstisches:

Decken Sie den Arbeitsplatz immer mit mehreren Schichten Zeitungspapier ab. Sie können so eingekleisterte Unterlagen schnell beseitigen und dann auf sauberem Untergrund weiterarbeiten. Der saubere Untergrund ist beim Buchbinden sehr wichtig, da man Leimreste sieht und dies sehr störend sein kann.

Verbinden zweier Graupappeteile mit Buchbinderleinen:

Wenn Sie zwei Graupappeteile miteinander beweglich verbinden wollen, benötigen Sie Buchbinderleinen. Ein Leinenstreifen wird zwischen zwei Pappeteile geklebt. Diese Verbindung müssen Sie anbringen, bevor Sie die Graupappe mit farbigem Papier bekleben.

Der Leinenstreifen wird oben und unten 2 cm länger als die Graupappeteile zurechtgeschnitten. Die Breite bestimmen Sie. Sie hängt davon ab, wie groß das fertige Werkstück werden soll. Bei einer Briefmappe mißt der Abstand z. B. ca. 3 cm. Rechnen Sie rechts und links in der Breite noch ca. 1 cm zum Bekleben der Graupappe dazu. Der gesamte Streifen ist also 5 cm breit.

Kleistern Sie die Rückseite des Buchbinderleinens mit Leim ein und kleben Sie die beiden Pappeteile rechts und links auf.

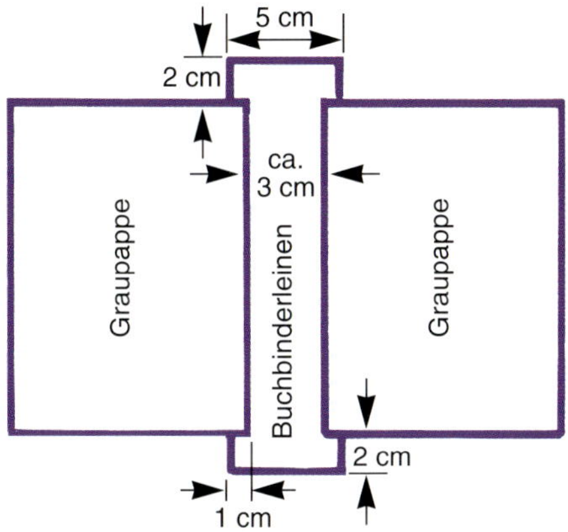

Klappen Sie nun die obere und untere Kante des Leinens nach innen um.
Drücken Sie diesen Umschlag mit den Fingern fest. Achten Sie darauf, dass Ihre Finger sauber sind und kein Leim an das Leinen kommen kann.

Jetzt messen Sie den inneren Leinenstreifen aus. Er ist genauso breit wie der äußere, also 5 cm. Ziehen Sie oben und unten ca. 5 mm von der Länge der Graupappeteile ab und schneiden Sie den Leinenstreifen in dieser Länge ab. Kleistern Sie diesen Streifen ebenfalls ein und kleben Sie ihn innen dagegen. Verstreichen Sie die Kanten fest an der Pappe und ziehen Sie sie mit dem Falzbein kräftig nach.

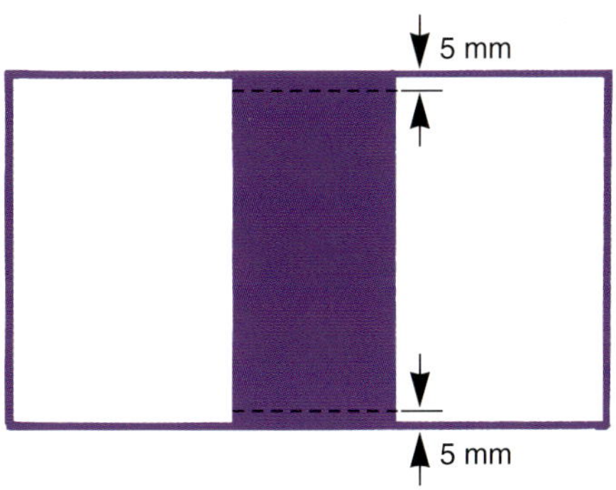

Arbeiten Sie auf Vorder- und Rückseite mit dem Falzbein an den Kanten, dort, wo Sie die exakte Kante haben wollen.

Einarbeiten eines festen Buchrückens:

Wollen Sie einen festen Buchrücken arbeiten, müssen Sie einen Graupappestreifen in der Breite des Rückens mit einkleben. Der Abstand zwischen Buchrückenstreifen und Pappeseitenteilen sollte mindestens 2 mm betragen. Sie erkennen dies in der Skizze.

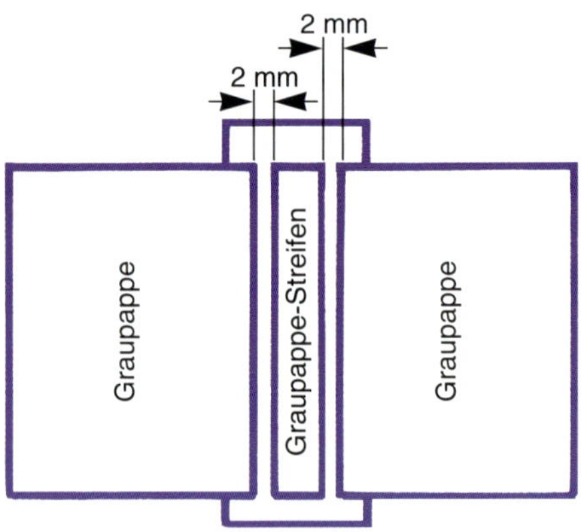

Klappen Sie die überstehenden Kanten des Leinenstreifens nach innen.
Kleben Sie dann, wie auf Seite 17 beschrieben, den inneren Leinenstreifen dagegen. Falzen Sie die Kanten ordentlich mit dem Falzbein.

Kanten und Ecken mit Buchbinderleinen bekleben:

Bei Mappen ist es manchmal ratsam, eine Kante oder Ecke mit Buchbinderleinen zu bekleben. Damit wird diese stabiler. Dies muss vor dem Bekleben des Werkstückes mit Papier geschehen. Siehe hierzu z. B. die Abbildung auf den Seiten 34/35.

Das Bekleben der Pappeteile:

Zum Bekleben wird immer das farbige Papier mit Leim eingestrichen, nie die Pappe. Wichtig ist dabei, dass Sie den Leim von der Mitte des Papiers nach außen zum Rand hin streichen. Halten Sie dabei das Papier mit einem Finger fest, damit es nicht verrutscht und Leim auf die Vorderseite des Papiers kommt. Das ganze Papier muss satt und zügig eingekleistert werden. Es darf nicht trocknen, weshalb Sie recht schnell arbeiten müssen. Achten Sie auch darauf, dass der Rand gut mit Leim bestrichen ist.

Ist das Papier mit Leim eingestrichen, legen Sie das Pappeteil auf die Fläche und drücken dies fest an. Dann heben Sie zum weiteren Verarbeiten beide Teile vom eingekleisterten Untergrund und arbeiten dann auf sauberer Unterlage weiter.

Wenn Sie eine Mappe bekleben wollen, arbeiten Sie am besten in umgekehrter Reihenfolge. Sie heben das eingekleisterte Papier vom Untergrund ab und legen dieses dann auf das Pappeteil. Hier können Sie den Abstand zum Rand besser erkennen.

Grundsätzlich sollte das äußere Papierteil zuerst aufgeklebt werden. Dabei ist an jeder Kante auf Nahtzugaben von ca. 2 cm zu achten. In einem Abstand von ca. 2 mm von der Ecke überstehend werden die Ecken schräg abgeschnitten. Nachdem eine Kante nach innen geschlagen und festgestrichen ist, drücken Sie mit den Fingernägeln die 2 mm überstehenden Ecken nach innen. Erst dann klappen Sie die weiteren Kanten um.

Da sich die Pappe beim Bekleben wölbt, sollte sie möglichst von beiden Seiten bezogen werden. Das Papierteil, welches innen dagegen geleimt wird, ist immer wenige Millimeter kleiner als das Pappeteil.

Auf den Skizzen sehen Sie noch einmal die Arbeitsschritte.

Buchzeichen

Am besten beginnen Sie das Buchbinden mit einer kleinen, einfachen Arbeit. Dazu eignet sich ein Buchzeichen. Sie sehen mehrere Buchzeichen auf Seite 21 abgebildet.

Materialien:

- *Zeitungspapier*
- *Graupappe*
- *Planatol BB*
- *Gefärbtes Papier*
- *Falzbein*
- *Cutter*
- *Stahllineal*
- *Schneideunterlage*
- *Schere*
- *Bleistift*
- *Borstenpinsel*
- *Geschenkband*

Decken Sie Ihren Arbeitstisch mit mehreren Schichten Zeitungspapier ab.

Schneiden Sie die Form des Buchzeichens nach Ihrem Geschmack aus der Graupappe aus. Es eignen sich Dreiecke oder längliche Rechtecke. Die Form übertragen Sie auf die Rückseite des gefärbten Papiers und geben ringsum ca. 1,5 cm Nahtzugabe dazu.

Die Ecken schrägen Sie ab, damit diese beim Umklappen nicht über den Rand stehen.

Die Gegenform übertragen Sie ebenfalls auf die Rückseite des gefärbten Papiers. Denken Sie daran, dass diese beim Dreieck seitenverkehrt übertragen werden muss. Das Gegenstück verkleinern Sie auf allen Seiten um ca. 2 mm.

Schneiden Sie dann die Formen mit der Schere aus.

Nun kleistern Sie das größere Bezugspapier vollständig mit Buchbinderleim ein. Legen Sie das Graupappeteil auf die aufgezeichnete Fläche und drücken Sie dieses fest. Klappen Sie die Seitenteile um und streichen Sie diese mit dem Falzbein fest.

Dann kleben Sie das Geschenkband auf. Kleistern Sie anschließend die kleinere Papierfläche ein und kleben Sie diese auf die Rückseite des Buchzeichens.

Tipp

Sollten sich Blasen unter dem Papier zeigen, versuchen Sie diese nicht festzudrücken. Das Papier dehnt sich bei Feuchtigkeit aus, beim Trocknen zieht es sich zusammen und wird wieder glatt.

nun miteinander unterwegs
Der Hase läuft nämlich in der
und wenn der Hase auf der anderen
denn ganz den Verstand verloren? Wie
dem Hasen um die Wette laufen
Maul, Weib«, sagte der Swin-
109

Leporellos

Ein Leporello ist ein Büchlein, dessen Seiten wie eine Ziehharmonika gefaltet sind. Ein Leporello kann ein kleines Fotoalbum sein oder Sie können Ihre Glückwünsche zu einem besonderen Ereignis hineinschreiben und -zeichnen. Ebenso kann es mit gepressten Pflanzen, Postkarten, Texten und Fotos Ihre Urlaubserinnerungen festhalten.

Materialien:

- *Zeitungspapier*
- *Graupappe*
- *Planatol BB*
- *Ein langer, zur Zieh–harmonika gefalteter Papierstreifen*
- *Gefärbtes Papier*
- *Schere*
- *Cutter*
- *Schneideunterlage*
- *Bleistift*
- *Stahllineal*
- *Lochzange*
- *Geschenkband*
- *Borstenpinsel*
- *Falzbein*

Zuerst falten Sie einen langen Streifen Papier zu einem Leporello. Dazu können Sie auch mehrere Streifen zusammenkleben. Sie können weißes Zeichenpapier oder farbiges Tonpapier verwenden. Die Größe und die Anzahl der Seiten bestimmen Sie.

Schneiden Sie zwei Rechtecke aus der Graupappe zu. Sie sollten etwas größer als das gefaltete Papier sein. Bekleben Sie die Graupappeteile außen mit gefärbtem Papier. Dazu verfahren Sie genauso, wie auf S. 18/19 beschrieben. Innen kleben Sie die Endseiten des Leporellos dagegen.

Mit einer Lochzange stanzen Sie mittig ein Loch in die obere Kante des Leporellos. Dort hinein hängen Sie das Geschenkband. Die beiden Enden wickeln Sie dann um das Leporello und binden es mit einer Schleife zusammen.

Dekorative Schachteln

(Abbildung Seite 25)

Schachteln können Sie leicht selbst herstellen. Dazu benötigen Sie Pappe, die Sie noch mit der Schere schneiden können. Verwenden Sie hierfür zum Beispiel Schuhkartons oder Einlagen von Verpackungen. Auf dem Vorlagenbogen finden Sie verschiedene Grundrisse und Größen von Schachteln.

Materialien:

- *Zeitungspapier*
- *Pappe*
- *Gefärbtes Papier*
- *Drehbleistift*
- *Schere*
- *Klebefilm*
- *Planatol BB*
- *Borstenpinsel*
- *Cutter*
- *Stahllineal*
- *Falzbein*

Übertragen Sie die Grundrisse für den Deckel und den Boden der Schachtel vom Vorlagenbogen exakt auf die Pappe. Schneiden Sie die Formen aus. Ritzen Sie die Faltlinien leicht mithilfe des Cutters und des Stahllineals ein. Knicken Sie diese um und fixieren Sie die Kanten mit Klebefilm.

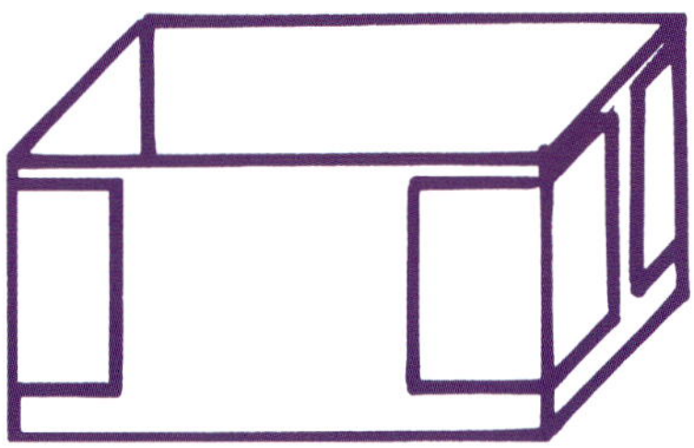

Übertragen Sie nun die Grundrisse für den Bezug auf das farbige Papier (sollten Sie selbst eine Schachtel entwerfen wollen, beträgt die Nahtzugabe an jeder Kante ca. 1,5 cm). Für die hier gezeigten Schachteln finden Sie die passenden Papierzuschnitte auf dem Vorlagenbogen.

Kleistern Sie die Rückseite des gefärbten Papiers ein und bekleben Sie die Schachtel. Dazu setzen Sie die Schachtelfläche auf die markierte Boden- oder Deckelfläche, die in den Schnittmustern auf dem Vorlagenbogen mit einer dünnen Linie eingezeichnet ist. Danach klappen Sie die Seiten mit der abgeschrägten Kante um und biegen die überstehende Seite nach innen. Dann erst werden die beiden anderen Seiten angeklebt.

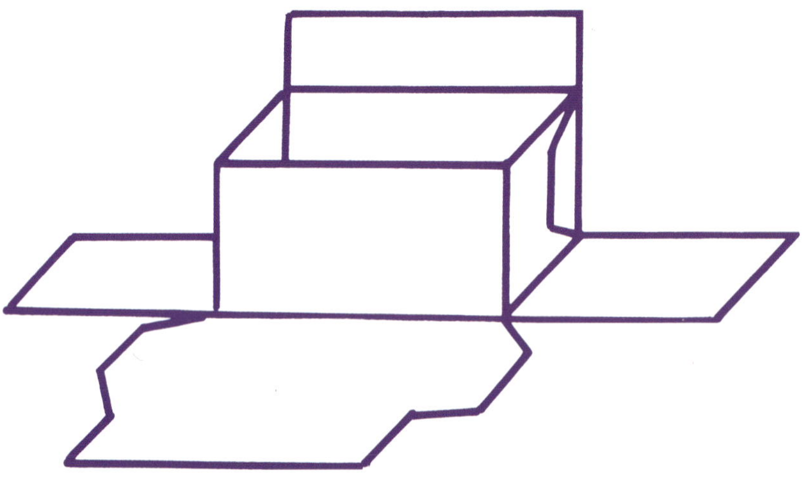

Fertige Schachteln schnell beklebt

Im Bastelfachhandel erhalten Sie fertige Schachteln, Zettelboxen etc. aus Papiermaché, u. A. auch mit den verschiedensten Ausschnitten. Wenn Sie ganz schnell ein individuelles Geschenk herstellen wollen, aber nicht viel Zeit haben, ist dies eine gute Lösung. Die abgebildeten Schachteln und die Zettelbox habe ich mit Dekorlack lackiert und dann einzelne Teile mit Papierresten beklebt.

Halskette aus Papierperlen

Aus einem weiteren Papierrest habe ich lange Streifen von ca. 3 cm Breite geschnitten und diese einmal diagonal durchtrennt. Diesen langen Streifen habe ich mit Planatol BB eingekleistert und um einen Bleistift herum aufgerollt, sofort vom Bleistift abgenommen und trocknen lassen. Auf diese Art können Sie Halsschmuck in den verschiedensten Farben herstellen.

Stifte siehe Seite 41.

Klemmbretter

Ein Klemmbrett ist eine Unterlage aus Holz, Kunststoff oder Karton, an deren oberer Kante sich eine Vorrichtung befindet, mit welcher man lose Notizblätter festklemmen kann. Auf der festen Unterlage kann man dann zeichnen oder schreiben. Im Handel erhält man Klammern zum Befestigen. Im Notfall hilft auch eine Wäscheklammer.

Materialien:

- *Zeitungspapier*
- *Graupappe*
- *Gefärbtes Papier*
- *Planatol BB*
- *Borstenpinsel*
- *Schere*
- *Cutter*
- *Bleistift*
- *Stahllineal*
- *Schneideunterlage*
- *Falzbein*
- *Klammer*

Schneiden Sie ein Rechteck (23 cm x 32 cm) aus Graupappe zu. Übertragen Sie die Grundform auf die Rückseite des gefärbten Papiers. Schneiden Sie die Form einschließlich der Nahtzugabe an allen Kanten von 2 cm aus dem Bezugspapier aus. Kleben Sie dieses auf die Graupappe. Schneiden Sie die Ecken ab und klappen Sie die Kanten um. Kleben Sie nun ein an allen Kanten um ca. 2 mm kleineres Bezugsblatt auf die Rückseite.

Diese Arbeit ist ideal zum ersten Üben mit etwas größerem Format.

Stifte siehe Seite 41.

Kleine Buchbindearbeiten

(Abbildung Seite 30/31)

Auf Seite 30/31 sehen Sie kleinere Mappen, in die ein Notizblock, ein Heft oder ein Notizbuch eingeklebt wurden. Auch ein praktisches Pinselmäppchen ist abgebildet.

Materialien:

- *Zeitungspapier*
- *Graupappe*
- *Gefärbtes Papier*
- *Planatol BB*
- *Borstenpinsel*
- *Stahllineal*
- *Cutter*
- *Schneideunterlage*
- *Falzbein*
- *Schere*
- *Notizklotz, Notizbuch oder kleines Heft*

Schneiden Sie aus der Graupappe zwei Grundteile aus. Die Maße richten sich nach der Größe des hineinzuklebenden Objekts. Die Graupappe sollte an allen Kanten ca. 0,5 cm größer sein.

Verbinden Sie die Graupappeteile, wie auf Seite 16 und 17 beschrieben, mit Buchbinderleinen. Beziehen Sie Vorder- und Rückseite mit gefärbtem Papier. Die Innenseite des Vorderteils bekleben Sie ebenfalls mit einem etwas kleineren Stück Papier (s. S. 16). Auf die Innenseite der Rückseite kleben Sie den Notizklotz, das Notizbuch oder das kleine Heft.

Pinselmappe

(Abbildung Seite 30/31)

Meine Pinselmappen begleiten mich schon einige Jahre. Sie sind eine praktische Aufbewahrungsmöglichkeit für Pinsel, denn ich achte immer darauf, dass die Pinselspitzen nicht geknickt werden.

Zusätzlich benötigen Sie:

- *Stanzeisen, ø 3 mm*
- *Lochzange*
- *Holzbrett als Unterlage*
- *Hammer*
- *Hutgummi*
- *Farbiges Band*

Meine Pinselmappen für dicke Pinsel haben ein Format von 11 cm x 30 cm, die für dünnere Pinsel 11 cm x 27 cm.

Binden Sie die Grundmappe wie auf Seite 16/17 beschrieben.

Messen Sie die Breite des Mäppchens aus und rechnen Sie aus, wie viele Löcher Sie hineinstanzen können. Ihr Abstand voneinander sollte zwischen 1,5 und 2 mm betragen. Markieren Sie die Löcher im Abstand von 6 cm untereinander in zwei Reihen .

Legen Sie zum Stanzen der Löcher ein Holzbrett unter die Rückseite des Mäppchens. Stanzen Sie mit dem Stanzeisen und dem Hammer die Löcher in die Rückseite des Mäppchens. Durch die Lochreihen ziehen Sie ein Hutgummiband, welches Sie auf der Innenseite verknoten.

Wenn Sie das Mäppchen verschließen möchten, stanzen Sie noch mit einer Lochzange oder einem Stanzeisen in die Mitte der offenen Kanten ein Loch. Dort hängen Sie ein farbiges Band ein und binden mit ihm die Pinselmappe zusammen.

Tipp

Lochzangen gibt es im Bastelfachhandel zu kaufen. Sie haben Lochpfeifen mit unterschiedlich großem Durchmesser. Stanzeisen erhalten Sie im Baumarkt. Für jede Lochgröße benötigen Sie ein Stanzeisen.

- Reduktionsrahmen + Ka
- Ersatzmattscheibe
- Weitwinkel- u. Normal
- Kompendium + Befestig
- Kameratuch
- Objektive: Vorzugsweise
115 mm
150 mm
180 mm
240 mm
- Drahtauslöser (2)
- Synchrokabel
- Polacassetten + Polas
- Filmcassetten + Film
- Einlegesack
- großes Stativ

Briefmappen

(Abbildung Seite 34/35)

Auf Seite 34/35 sehen Sie verschiedene Briefmappen. Die geöffnete Briefmappe besteht aus einer einfachen Vorder- und Rückseite. Die anderen Briefmappen haben rechts noch eine zusätzliche Klappe. Die Klappen sind unterschiedlich geformt. Sie können hierbei Ihrer Fantasie freien Lauf lassen.

Material:

- *Zeitungspapier*
- *Graupappe*
- *Gefärbtes Papier*
- *Beleg-, Bütten- oder farbiges Tonpapier*
- *Planatol BB*
- *Borstenpinsel*
- *Buchbinderleinen*
- *Stahllineal*
- *Cutter*
- *Schneideunterlage*
- *Falzbein*
- *Schere*

Meine Mappen haben eine Größe von 22 cm x 31 cm. Sie sollen ein wenig größer sein als das hineinzugebende Format. Arbeiten Sie die Mappen, wie auf Seite 16 und 17 beschrieben. Wenn Sie eine Klappe wünschen, verbinden Sie diese mit der Mappe mit Buchbinderleinen. Bekleben Sie zuerst die Außenflächen mit farbigem Papier, kleben Sie danach innen das farbige Belegpapier gegen die Vorderseite und die Klappe.

Aus dem Bütten-, Beleg- oder Tonpapier schneiden Sie das Belegpapier für den Sammelteil zurecht. Bei einer einfachen Mappe benötigen Sie oben, unten und auf der rechten Seite eine Klappe. Wenn Sie eine Mappe mit Klappe gearbeitet haben, reicht es aus, oben und unten eine Faltklappe zu haben. Die Breite der Faltklappen sollte mindestens 5 cm betragen. In der unteren Skizze sehen Sie Schnittbeispiele der Belegpapiere für den Sammelteil.

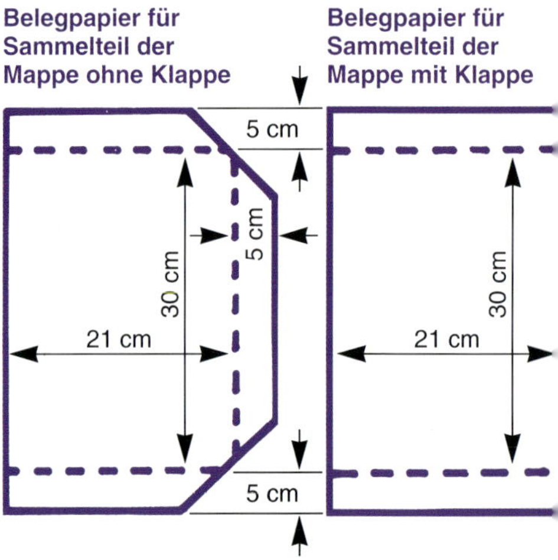

Individuelle Fotoalben

(Abbildung Seite 38)

Die Einlagen für das Fotoalbum erhalten Sie fertig gelocht mit Pergaminzwischenblättern in Schreibwarengeschäften. Natürlich können Sie die Einlagen auch selbst aus Tonkarton und Transparentpapier herstellen.

Materialien:

- *Zeitungspapier*
- *Graupappe*
- *Gefärbtes Papier*
- *Fotokartoneinlagen mit Pergaminzwischenblättern*
- *Planatol BB*
- *Borstenpinsel*
- *Buchbinderleinen*
- *Stahllineal*
- *Cutter*
- *Falzbein*
- *Schere*
- *Stanzeisen*
- *Hammer*
- *Holzbrett als Unterlage*
- *Geschenkband o. Schnur*

Die Größe des Fotoalbums richtet sich nach der Größe der Einlagen. Es sollte an jeder Seite ca. 5 mm über diese überstehen. Trennen Sie von der Vorder- und Rückseite jeweils einen Streifen von 2,5 cm Breite ab. Verbinden Sie die Teile mit einem Streifen Buchbinderleinen. In der unten stehenden Abbildung erkennen Sie, wie die Pappeteile angeordnet werden. Zwischen dem Pappestreifen und der Vorderseite bzw. Rückseite sollte ein schmaler Abstand von ca. 2 mm sein. Hier kann dann später der Deckel geklappt werden.

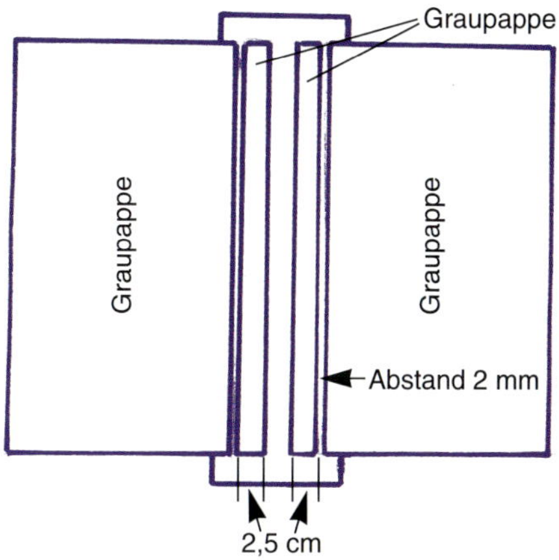

Kleben Sie innen einen Buchbinderleinenstreifen dagegen. Bekleben Sie Außen- und Innenseiten mit gefärbtem Papier.

Markieren Sie dann mithilfe der Einlagen aus Fotokarton die Stellen für die Löcher im Pappestreifen. Stanzen Sie mit dem Stanzeisen die Löcher in den Graupappestreifen des Bodens und des Deckels. Verbinden Sie zum Schluss Buch und Fotoeinlagen mit einer Schnur oder einem Geschenkband.

Bilderrahmen

(Abbildung Seite 39)

Farblich zu Ihren Bildern passend können Sie reizvolle Bilderrahmen gestalten.

Materialien:

- *Zeitungspapier*
- *Graupappe*
- *Gefärbtes Papier*
- *Planatol BB*
- *Borstenpinsel*
- *Stahllineal*
- *Cutter*
- *Schneideunterlage*
- *Falzbein*
- *Schere*

Messen Sie den Ausschnitt Ihres Bildes aus und zeichnen Sie die gewünschte Größe des Bilderrahmens auf Graupappe. Schneiden Sie den Rahmen mithilfe des Stahllineals und des Cutters aus.

Bekleben Sie dann den Rahmen mit selbst gefärbtem Papier. Denken Sie an die Nahtzugabe von ca. 2 cm und klappen Sie die überstehenden Teile um. Schon können Sie Ihr Bild in den passenden Rahmen kleben.

Tipp

Solch einen Rahmen können Sie auch als Deckel für Mappen verwenden. Mit einem hinterklebten Foto oder einem selbst gemalten Bild wird die Mappe etwas ganz Besonderes. Ebenso kann solch ein Passepartoutbild als Deckel für Schachteln verwendet werden. Bekleben Sie dann die Schachtel, wie ich es auf Seite 24 beschrieben habe und kleben Sie oben auf den Deckel das Bild.

Ein Schreibtischset, Ton in Ton

(Abbildung Seite 42/43)

Auf Seite 42/43 sehen Sie, was alles auf Ihrem Schreibtisch stehen und liegen könnte. Ton in Ton passt alles wunderbar zusammen.

Materialien:

- *Zeitungspapier*
- *Graupappe*
- *Gefärbtes Papier*
- *Dünnes gefärbtes Papier für die Stifte*
- *Planatol BB*
- *Borstenpinsel*
- *Stahllineal*
- *Cutter*
- *Schneideunterlage*
- *Schere*
- *Falzbein*
- *Buchbinderleinen*

Begonnen habe ich mit der Schreibtischunterlage. Sie hat die Maße 50 cm x 31 cm. Die Klappe ist 10 cm breit. Das war etwas schwierig, denn dazu benötigte ich ein größeres Format zum Färben. Auch musste das Einkleistern zügig vorangehen, damit der Leim nicht trocknet. Vielleicht hilft Ihnen dabei jemand, dann ist dies leichter zu bewerkstelligen.

Ein Notizblock wird immer gebraucht. Die Box besteht aus 4 Quadraten in den Maßen 10 cm x 10 cm. Der Boden ist 10,3 cm x 10,3 cm groß. In ein Quadrat schnitt ich ein Dreieck in der Höhe von 6 cm. Die obere Kantenlänge des Dreiecks beträgt ebenfalls 6 cm. Nach den Maßen der Zettelbox fertigte ich das Bezugspapier an, das eine Nahtzugabe von 2 cm erhielt.

Ein gekaufter Zeitungsordner und ein Ringbuch bekamen ebenfalls farbige Papierstreifen. So kann man auch ein altes Stück wieder gut aufpeppen.

Die Stifteschachtel habe ich selbst angefertigt. Sie besteht eigentlich aus zwei Teilen. Auf die Mappe klebte ich eine Schachtel. So ließ sich beides einzeln besser verarbeiten. Das Bodenmaß der Schachtel beträgt 18 cm x 5 cm. Die Schachtel ist 2 cm hoch. Die Mappe wurde mit Buchbinderleinen verbunden.

Mit dünnerem Zeichenpapier beklebte ich dann auch noch die Buntstifte. Diese passen jetzt schön zu den anderen Utensilien.

Die Halterung für die Briefumschläge besteht aus einem bezogenen Boden und zwei Röhren, die zu einem Dreieck geknickt wurden. Dadurch sind sie stabil und tragen notfalls auch ein Buch. Die Bodenplatte der Halterung hat die Maße 18 cm x 8 cm. Das hohe Dreieck ist 10 cm hoch und die untere Fläche 2 cm tief. Die Breite der Dreiecke beträgt 18 cm. Die niedere Dreiecksröhre ist 2 cm hoch und 2 cm tief, ihre Breite beträgt ebenfalls 18 cm.

LOTTO
ABGEBEN!
6, 7, 14, 25, 26,
31, Zus. 34
40,00 DM
13.07.1998
Mit freundlichen Grüßen
F.PREUSCHHOFF APP268
bitte wenden

Mappe mit Briefpapier

Materialien siehe Seite 36.

Auf der nebenstehenden Abbildung sehen Sie eine Mappe mit Briefpapier und selbst gestalteten Briefumschlägen.

Dies ist ein schönes Geschenk und sieht schon allein in der Anordnung dekorativ aus.

Die Mappe besteht aus zwei Teilen, die mit Buchbinderleinen miteinander verbunden sind (s. Seite 16/17). Die untere Klappe hält die Briefbögen mit den Umschlägen. Die Höhe der Mappe beträgt 31 cm, die Breite 22 cm. Die höhere Seite der Klappe ist 12 cm, die niedere 4 cm hoch.

Die Form der Klappe können Sie natürlich variieren. Wie bei den Briefmappen mit der Klappe von Seite 34/35 ergeben sich hier viele Variationsmöglichkeiten.

Als Vorlage für die Umschläge können Sie aufgetrennte, fertig gekaufte Umschläge verwenden.

Faltschachteln aus gefärbtem Karton

Die rechts abgebildeten Faltschachteln wurden alle aus gefärbtem Karton hergestellt. Somit wurde das Bekleben des Kartons umgangen.

Materialien:

- *Zeitungspapier*
- *Weißer Karton, einseitig in der Spachteltechnik gefärbt*
- *Stahllineal*
- *Cutter*
- *Schneideunterlage*
- *Hutgummi*
- *Stanzeisen mit kleinem Durchmesser oder einen spitzen Gegenstand*
- *Holzbrett als Unterlage*

Sie sehen auf der Abbildung eine Stifteschachtel, eine Hülle zum Aufbewahren von CDs und eine Hülle für Visitenkarten.

Die Grundrisse finden Sie auf dem Vorlagenbogen.

Übertragen Sie die Schnittmuster auf die Rückseite des gefärbten Kartons und schneiden Sie die Hülle mit der Schere aus. Die Faltlinien ritzen Sie mithilfe von Cutter und Stahllineal ein.

An den markierten Punkten stechen Sie zwei Löcher für den Hutgummi ein. Messen Sie die Länge des Gummibandes aus. Machen Sie an ein Ende des Hutgummis einen dicken Knoten und führen Sie das andere Ende von innen auf die Rückseite der Schachtel. Von dort führen Sie das Gummiband durch das andere Loch in die Schachtel zurück. Dort machen Sie wiederum einen dicken Knoten an das andere Ende.

Schließen Sie die Schachtel, indem Sie den Hutgummi nach vorne über den Überschlag der Schachtel führen.

Noch einmal die wichtigsten Regeln beim Buchbinden:

- Legen Sie immer genügend Zeitungspapier zurecht, damit Sie schnell auf sauberem Untergrund weiterarbeiten können. Wenn Sie mehrere Schichten übereinander legen, ist es am einfachsten.

- Achten Sie darauf, dass kein Leim auf die farbige Papierseite gelangt.

- Bereiten Sie alle Teile so vor, dass Sie ohne große Unterbrechung arbeiten können.

- Streichen Sie den Kleister immer von innen nach außen auf das Papier.

- Arbeiten Sie zügig, damit der Leim nicht trocknet.

- Waschen Sie den Kleisterpinsel gleich aus, wenn Sie ihn nicht mehr benötigen.

- Bearbeiten Sie Kanten und Falzstellen mit dem Falzbein.

Und nun wünsche ich Ihnen viel Spaß und Erfolg beim Papierfärben und Buchbinden.

Ihre Petra Lange-Weber